Ordinaire de la Messe

The Order of Mass
in French

Blessed Holy Family Press

Publié par Blessed Holy Family Press

ISBN: 9798848348569

Table Des Matières

RITE D'INTRODUCTION

*Lorsque le peuple (**C**) est rassemblé, le Prêtre (**P**) s'avance vers l'autel avec les ministres, tandis qu'on exécute le chant d'entrée. Quand il est parvenu à l'autel, l'ayant salué avec les ministres de la manière requise, il le vénère par un baiser; et, s'il le juge bon, il l'encense. Ensuite, il gagne son siège avec les ministres. Le chant d'entrée achevé, le prêtre et les fidèles, debout, se signent, tandis que le prêtre dit:*

P: Au nom du Père, et du Fils, et du Saint-Esprit.

C: Amen.

Puis, les mains étendues, le prêtre salue le peuple en disant:

P: La grâce de Jésus, le Christ, notre Seigneur, l'amour de Dieu le Père, et la communion de l'Esprit Saint soient toujours avec vous.

Ou bien:

P: Que Dieu notre Père et Jésus Christ notre Seigneur vous donnent la grâce et la paix.

Ou bien:

P: Le Seigneur soit avec vous. *(À la place de le Seigneur soit avec vous, l'évêque (**B**), dans cette première salutation, dit:*

B: La paix soit avec vous.*)*

C: Et avec votre esprit.

Acte Pénitentiel

P: Frères et sœurs, préparons-nous à célébrer le mystère de l'eucharistie, en reconnaissant que nous avons péché.

On fait une brève pause en silence. Tous font ensemble la confession:

Formule I:

Je confesse à Dieu tout-puissant, je reconnais devant vous, frères et soeurs, que j'ai péché en pensée, en parole, par action et par omission;

On se frappe la poitrine en disant:

Oui, j'ai vraiment péché.

Puis l'on poursuit:

C'est pourquoi je supplie la bienheureuse Vierge Marie, les anges et tous les saints, et vous aussi, frères et soeurs, de prier pour moi le Seigneur notre Dieu.

P: Que Dieu tout-puissant nous fasse miséricorde; qu'il nous pardonne nos péchés et nous conduise à la vie éternelle.

C: Amen.

Ou bien:

Formule II:

P: Frères et sœurs, préparons-nous à célébrer le mystère de l'eucharistie, en reconnaissant que nous avons péché.

On fait une brève pause en silence. Ensuite, le prêtre dit:

P: Prends pitié de nous, Seigneur.

C: **Nous avons péché contre toi.**

P: Montre-nous, Seigneur, ta miséricorde.

C: **Et donne-nous ton salut.**

P: Que Dieu tout-puissant nous fasse miséricorde; qu'il nous

pardonne nos péchés et nous conduise à la vie éternelle.

C: **Amen.**

Ou bien:

Formule III:

P: Frères et sœurs, préparons-nous à célébrer le mystère de

l'eucharistie, en reconnaissant que nous avons péché.

On fait une brève pause en silence.

Ensuite, le prêtre, ou un autre ministre, dit ou chante les invocations suivantes

ou d'autres, en les concluant par la supplication:

P: Seigneur Jésus, envoyé pour guérir les coeurs qui reviennent

vers toi : Seigneur, prends pitié.

C: **Seigneur, prends pitié.**

P: Ô Christ, venu appeler les pécheurs : ô Christ, prends pitié.

C: **Ô Christ, prends pitié.**

P: Seigneur, qui sièges à la droite du Père où tu intercèdes pour

nous : Seigneur, prends pitié.

C: **Seigneur, prends pitié.**

P: Que Dieu tout-puissant nous fasse miséricorde; qu'il nous pardonne nos péchés et nous conduise à la vie éternelle.

C: Amen.

Seigneur, prends pitié

Ensuite, sauf dans le cas où l'on a utilisé la troisième formule de la préparation pénitentielle, on chante ou on dit les invocations:

P: Seigneur, prends pitié.

C: Seigneur, prends pitié.

P: Ô Christ, prends pitié.

C: Ô Christ, prends pitié.

P: Seigneur, prends pitié.

C: Seigneur, prends pitié.

Gloire à Dieu

Puis, quand il est prescrit, cet hymne est soit chanté soit dit:

Gloire à Dieu, au plus haut des cieux, et paix sur la terre aux hommes qu'il aime.Nous te louons, nous te bénissons, nous t'adorons, nous te glorifions, nous te rendons grâce,pour ton immense gloire,Seigneur Dieu, Roi du ciel, Dieu le Père tout-puissant. Seigneur Fils unique, Jésus Christ, Seigneur Dieu, Agneau de Dieu, le Fils du Père ; toi qui enlèves les péchés du monde, prends pitié de nous; toi qui enlèves les péchés du monde, reçois notre prière; toi qui es assis à la droite du Père, prends pitié de nous.Car toi seul es Saint, toi seul es Seigneur, toi seul es le Très-Haut: Jésus-Christ, avec le Saint-Esprit dans la gloire de Dieu le Père.

Amen.

Prière d'ouverture

P: Prions le Seigneur.

Après une brève pause de silence, le prêtre, les mains étendues, dit la prière. À la fin de la prière, le peuple dit l'acclamation:

C: Amen.

LITURGIE DE LA PAROLE

*Le lecteur (**R**) se rend à l'ambon et il fait la première lecture, que tous écoutent assis. Pour indiquer la fin de la lecture, le lecteur peut ajouter:*

R: Parole du Seigneur.

C: Nous rendons grâce à Dieu.

Le psalmiste, ou le chantre, dit le psaume auquel le peuple répond par un refrain. Ensuite, s'il doit y avoir une deuxième lecture avant l'Évangile, un lecteur la fait à l'ambon, comme la première. Pour indiquer la fin de la lecture, le lecteur peut ajouter:

R: Parole du Seigneur.

C: Nous rendons grâce à Dieu.

*Vient ensuite le chant d'acclamation à l'Évangile (habituellement l'**Alléluia**).*
*Pendant ce temps, le prêtre met l'encens, si l'on doit en user. Puis le diacre (**D**)*
qui va proclamer l'Évangile, incliné devant le prêtre, demande la bénédiction, en
disant à mi-voix:

D: Père, bénissez-moi.

Le prêtre dit à mi-voix:

P: Que le Seigneur soit dans votre cœur et sur vos lèvres pour que
vous proclamiez la Bonne Nouvelle, au nom du Père et du Fils et
du Saint-Esprit.

Le diacre répond:

D: Amen.

S'il n'y a pas de diacre, le prêtre incliné devant l'autel dit à voix basse:

P: Purifie mon cœur et mes lèvres, Dieu très saint, pour que je
fasse entendre à mes frères la Bonne Nouvelle.

Ensuite, le diacre (ou le prêtre) se rend à l'ambon, accompagné éventuellement
par les ministres avec l'encens et les cierges, et il dit:

P: Le Seigneur soit avec vous.

C: Et avec votre esprit.

Le diacre (ou le prêtre):

P: Évangile de Jésus Christ selon saint N.

Cependant qu'il fait le signe de la croix sur le livre et sur lui-même au front, à la
bouche et à la poitrine:

C: Gloire à toi, Seigneur.

Puis le diacre (ou le prêtre) encense le livre, si l'on use de l'encens, et il proclame l'Évangile. L'Évangile achevé, le diacre (ou le prêtre) dit :

P: Acclamons la Parole de Dieu.

C: Louange à toi, Seigneur Jésus.

Vient ensuite l'homélie, qui doit être prêchée par un prêtre ou un diacre.

Profession de foi

Symbole de Nicée Constantinople

Je crois en un seul Dieu, le Père tout-puissant, créateur du ciel et de la terre, de l'univers visible et invisible. Je crois en un seul Seigneur, Jésus Christ, le Fils unique de Dieu, né du Père avant tous les siècles : il est Dieu, né de Dieu, lumière, née de la lumière, vrai Dieu, né du vrai Dieu. Engendré, non pas créé, consubstantiel au Père, et par lui tout a été fait. Pour nous les hommes, et pour notre salut, il descendit du ciel; Par l'Esprit Saint, il a pris chair de la Vierge Marie, et s'est fait homme. Crucifié pour nous sous Ponce Pilate, il souffrit sa passion et fut mis au tombeau. Il ressuscita le troisième jour, conformément aux Écritures, et il monta au ciel ; il est assis à la droite du Père. Il reviendra dans la gloire, pour juger les vivants et les morts, et son règne n'aura pas de fin. Je crois en l'Esprit Saint, qui est Seigneur et qui donne la vie ; il procède du Père et du Fils ; Avec le Père et le Fils, il reçoit même adoration et même gloire; il a parlé par les prophètes.Je crois en l'Église, une, sainte, catholique et apostolique. Je reconnais un seul baptême pour le pardon des péchés. J'attends la résurrection des morts, et la vie du monde à venir.

Amen.

Symbole des Apôtres

Je crois en Dieu, le Père tout-puissant, créateur du ciel et de la terre. Et en Jésus Christ, son Fils unique, notre Seigneur, qui a été conçu du Saint-Esprit, est né de la Vierge Marie, a souffert sous Ponce Pilate, a été crucifié, est mort et a été enseveli, est descendu aux enfers, le troisième jour est ressuscité des morts, est monté aux cieux, est assis à la droite de Dieu le Père tout-puissant, d'où il viendra juger les vivants et les morts. Je crois en l'Esprit Saint, à la sainte Église catholique, à la communion des saints, à la rémission des péchés, à la résurrection de la chair, à la vie éternelle. Amen.

LITURGIE EUCHARISTIQUE

Le prêtre, à l'autel, reçoit la patène avec le pain, et il la tient un peu élevée au-dessus de l'autel, en disant à voix basse:

P: Tu es béni, Seigneur, Dieu de l'univers : nous avons reçu de ta bonté le pain que nous te présentons, fruit de la terre et du travail des hommes; il deviendra pour nous le pain de la vie.

Ensuite, il dépose la patène avec le pain sur le corporal. S'il n'y a pas de chant d'offertoire, le prêtre peut dire ces paroles à voix haute; à la fin, le peuple peut dire l'acclamation:

C: Béni soit Dieu, maintenant et toujours.

Le prêtre, verse le vin et un peu d'eau dans le calice, en disant à voix basse:

P: Comme cette eau se mêle au vin pour le sacrement de l'Alliance, puissions-nous être unis à la divinité de celui qui a voulu prendre notre humanité.

Ensuite, le prêtre prend le calice, et il le tient un peu élevé au-dessus de l'autel, en disant à voix basse:

P: Tu es béni, Seigneur, Dieu de l'univers : nous avons reçu de ta bonté le vin que nous te présentons, fruit de la vigne et du travail des hommes; il deviendra pour nous le vin du Royaume éternel.

Puis il dépose le calice sur le corporal.

C: Béni soit Dieu, et maintenant et toujours.

Revenu au milieu de l'autel, tourné vers le peuple, étendant puis joignant les mains, il dit :

P: Priez, frères et sœurs: que mon sacrifice, et le vôtre, soit agréable à Dieu le Père tout-puissant.

Le peuple se lève et répond:

C: Que le Seigneur reçoive de vos mains ce sacrifice à la louange et à la gloire de son nom, pour notre bien et celui de toute l'Église.

Puis, les mains étendues, le prêtre dit la prière sur les offrandes. Le peuple répond par l'acclamation:

C: Amen.

Prière Eucharistique I (Canon Romain)

P: Le Seigneur soit avec vous.

C: Et avec votre esprit.

P: Élevons notre cœur.

C: Nous le tournons vers le Seigneur.

P: Rendons grâce au Seigneur notre Dieu.

C: Cela est juste et bon.

Puis vient la préface, choisie selon les rubriques, qui conclut:

Saint! Saint! Saint, le Seigneur, Dieu de l'univers! Le ciel et la terre sont remplis de ta gloire. Hosanna au plus haut des cieux. Béni soit celui qui vient au nom du Seigneur. Hosanna au plus haut des cieux.

Le prêtre, les mains étendues, dit:

Père infiniment bon, toi vers qui montent nos louanges, nous te supplions par Jésus Christ, ton Fils, notre Seigneur,

Il joint les mains:

d'accepter

Puis il fait un signe de croix sur le pain et le calice, et dit:

et de bénir ✠ ces offrandes saintes,

Il étend les mains et continue:

Nous te les présentons avant tout pour ta sainte Église catholique: accorde-lui la paix et protège-la, daigne la rassembler dans l'unité et la gouverner par toute la terre; nous les présentons en même temps pour ton serviteur le Pape N., pour notre évêque N. et tous ceux qui veillent fidèlement sur la foi catholique reçue des Apôtres.

Commémoration des vivants

Souviens-toi, Seigneur, de tes serviteurs (de N. et N.) et de tous ceux qui sont ici réunis, dont tu connais la foi et l'attachement.

Il joint les mains, prie en silence, puis il reprend, les mains étendues:

Nous t'offrons pour eux, ou ils t'offrent pour eux-mêmes et tous les leurs ce sacrifice de louange, pour leur propre rédemption, pour le salut qu'ils espèrent; et ils te rendent cet hommage, à toi, Dieu éternel, vivant et vrai.

Dans la communion de toute l'Église, nous voulons nommer en premier lieu la bienheureuse Marie toujours Vierge, Mère de notre Dieu et Seigneur, Jésus Christ; saint Joseph, son époux, les saints Apôtres et Martyrs Pierre et Paul, André, (Jacques et Jean, Thomas, Jacques et Philippe, Barthélemy et Matthieu, Simon et Jude, Lin, Clet, Clément, Sixte, Corneille et Cyprien, Laurent, Chrysogone, Jean et Paul, Côme et Damien,) et tous les saints. Accorde-nous, par leur prière et leurs mérites, d'être, toujours et partout, fort de ton secours et de ta protection. (Par le Christ notre Seigneur. Amen.)

Les mains étendues, il continue:

Voici l'offrande que nous présentons devant toi, nous, tes serviteurs, et ta famille entière: dans ta bienveillance, accepte-la. Assure toi-même la paix de notre vie, arrache-nous à la damnation et reçois-nous parmi tes élus. (Par le Christ notre Seigneur. Amen.)

Les mains étendues au dessus des offrandes, il dit:

Sanctifie pleinement cette offrande par la puissance de ta bénédiction, rends-la parfaite et digne de toi: qu'elle devienne pour nous le corps et le sang de ton Fils bien-aimé, Jésus Christ, notre Seigneur.

Il joint les mains.

La veille de sa passion,

Il prend le pain et, le tenant légèrement relevé au-dessus de l'autel, poursuit:

il prit le pain dans ses mains très saintes et, les yeux levés au ciel,

vers toi, Dieu, son Père tout-puissant, en te rendant grâce il le

bénit, le rompit, et le donna à ses disciples, en disant:

Il s'incline un peu.

PRENEZ, ET MANGEZ-EN TOUS:

CECI EST MON CORPS LIVRÉ POUR VOUS.

Il montre au peuple l'hostie consacrée, la repose sur la patène et fait la génuflexion. Ensuite il continue:

De même, à la fin du repas,

Il prend le calice et, le tenant légèrement relevé au-dessus de l'autel, dit :

il prit dans ses mains cette coupe incomparable; et te rendant

grâce à nouveau il la bénit, et la donna à ses disciples, en disant:

Il s'incline un peu.

PRENEZ, ET BUVEZ-EN TOUS, CAR CECI EST LA COUPE DE

MON SANG, LE SANG DE L'ALLIANCE NOUVELLE ET

ÉTERNELLE, QUI SERA VERSÉ POUR VOUS ET POUR LA

MULTITUDE EN RÉ-MISSION DES PÉCHÉS. VOUS FEREZ

CELA, EN MÉMOIRE DE MOI.

Il montre le calice au peuple, le dépose sur le corporal et fait la génuflexion. Puis il dit:

P: Il est grand le mystère de la foi:

C: Nous annonçons ta mort, Seigneur Jésus, nous proclamons ta résurrection, nous attendons ta venue dans la gloire.

Ou bien:

P: Acclamons le mystère de la foi:

C: Quand nous mangeons ce pain et buvons à cette coupe, nous annonçons ta mort, Seigneur ressuscité, et nous attendons que tu viennes.

Ou bien:

P: Qu'il soit loué, le mystère de la foi:

C: Sauveur du monde, sauve-nous ! Par ta croix et ta résurrection, tu nous as libérés.

Ou bien:

P: Proclamons le mystère de la foi:

C: Gloire à toi qui étais mort, gloire à toi qui es vivant, notre Sauveur et notre Dieu : viens, Seigneur Jésus!

Ensuite, les mains étendues, le prêtre dit:

C'est pourquoi nous aussi, tes serviteurs, et ton peuple saint avec nous, faisant mémoire de la passion bienheureuse de ton Fils, Jésus Christ, notre Seigneur, de sa résurrection du séjour des morts et de sa glorieuse ascension dans le ciel, nous te présentons, Dieu de gloire et de majesté, cette offrande prélevée sur les biens que tu nous donnes, le sacrifice pur et saint, le sacrifice parfait, pain de la vie éternelle et coupe du salut.

Et comme il t'a plu d'accueillir les présents d'Abel le Juste, le sacrifice de notre père Abraham, et celui que t'offrit Melchisédeck ton grand prêtre, en signe du sacrifice parfait, regarde cette offrande avec amour et, dans ta bienveillance, accepte-la.

Nous t'en supplions, Dieu tout-puissant: qu'elle soit portée par ton ange en présence de ta gloire, sur ton autel céleste, afin qu'en recevant ici, par notre communion à l'autel, le corps et le sang de ton Fils,

Il se redresse et se signe:

Nous soyons comblés de ta grâce et de tes bénédictions. (Par le Christ notre Seigneur. Amen.)

Commémoration du défunt.

Les mains étendues, il dit

Souviens-toi de tes serviteurs (N. et N.) qui nous ont précédés, marqués du signe de la foi, et qui dorment dans la paix.

Il joint les mains et prie en silence quelques instants pour les défunts dont il porte l'intention. Puis il reprend, les mains étendues:

Pour eux et pour tous ceux qui reposent dans le Christ, nous implorons ta bonté: qu'ils entrent dans la joie, la paix et la lumière. (Par le Christ notre Seigneur. Amen.)

Il se frappe la poitrine avec la main droite, en disant:

Et nous, pécheurs,

Il étend les mains et continue:

Qui mettons notre espérance en ta miséricorde inépuisable, admets-nous dans la communauté des bienheureux Apôtres et Martyrs, de Jean Baptiste, Étienne, Matthias et Barnabé, (Ignace, Alexandre, Marcellin et Pierre, Félicité et Perpétue, Agathe, Lucie, Agnès, Cécile, Anastasie,) et de tous les saints. Accueille-nous dans leur compagnie, sans nous juger sur le mérite mais en accordant ton pardon, Par Jésus Christ, notre Seigneur.

Il continue:

C'est par lui que tu ne cesses de créer tous ces biens, que tu les bénis, leur donnes la vie, les sanctifies et nous en fais le don.

Il prend la patène avec l'hostie, ainsi que le calice, et, les élevant ensemble, il dit:

Par lui, avec lui et en lui, à toi, Dieu, le Père tout-puissant, dans l'unité du Saint-Esprit, tout honneur et toute gloire, pour les siècles des siècles.

C: Amen.

Vient ensuite le rite de la communion, p.31

Prière Eucharistique II

P: Le Seigneur soit avec vous.

C: Et avec votre esprit.

P: Élevons notre cœur.

C: Nous le tournons vers le Seigneur.

P: Rendons grâce au Seigneur notre Dieu.

C: Cela est juste et bon.

P: Vraiment, Père très saint, il est juste et bon de te rendre grâce, toujours et en tout lieu, par ton Fils bien-aimé, Jésus Christ: car il est ta Parole vivante, par qui tu as créé toutes choses; c'est lui que tu nous as envoyé comme Rédempteur et Sauveur, Dieu fait homme, conçu de l'Esprit Saint, né de la Vierge Marie; pour accomplir ta volonté et rassembler du milieu des hommes un peuple saint qui t'appartienne, il étendit les mains à l'heure de sa passion, afin que soit brisée la mort, et que la résurrection soit manifestée. C'est pourquoi, avec les anges et tous les saints, nous proclamons ta gloire, en chantant d'une seule voix:

Saint! Saint! Saint, le Seigneur, Dieu de l'univers! Le ciel et la terre sont remplis de ta gloire. Hosanna au plus haut des cieux. Béni soit celui qui vient au nom du Seigneur. Hosanna au plus haut des cieux.

Le prêtre, les mains étendues, dit:

Toi qui es vraiment saint, toi qui es la source de toute sainteté.

Il joint ses mains et, les tenants étendus sur les offrandes, dit:

Sanctifie ces offrandes en répandant sur elles ton Esprit;

Il joint les mains et tracez le signe de la croix sur le pain et le calice ensemble, en disant:

Qu'elles deviennent pour nous le corps et ✠ le sang de Jésus, le Christ, notre Seigneur.

Il joint les mains.

Au moment d'être livré et d'entrer librement dans sa passion,

Il prend le pain et, le tenant légèrement au-dessus de l'autel, continue:

Il prit le pain, il rendit grâce, il le rompit et le donna à ses disciples, en disant:

Il s'incline un peu.

PRENEZ, ET MANGEZ-EN TOUS:

CECI EST MON CORPS LIVRÉ POUR VOUS.

Il montre au peuple l'hostie consacrée, la repose sur la patène et fait la génuflexion. Ensuite il continue:

De même, à la fin du repas,

Il prend le calice et, le tenant légèrement au-dessus de l'autel, continue:

Il prit la coupe ; de nouveau il rendit grâce, et la donna à ses disciples, en disant:

Il s'incline un peu.

PRENEZ, ET BUVEZ-EN TOUS, CAR CECI EST LA COUPE DE

MON SANG, LE SANG DE L'ALLIANCE

NOUVELLE ET ÉTERNELLE,

QUI SERA VERSÉ POUR VOUS ET POUR LA MULTITUDE

EN RÉMISSION DES PÉCHÉS.

VOUS FEREZ CELA, EN MÉMOIRE DE MOI.

Il montre le calice au peuple, le dépose sur le corporal et fait la génuflexion. Puis il introduit une des acclamations suivantes:

P: Il est grand le mystère de la foi:

C: Nous annonçons ta mort, Seigneur Jésus, nous proclamons ta résurrection, nous attendons ta venue dans la gloire.

Ou bien:

P: Acclamons le mystère de la foi:

C: Quand nous mangeons ce pain et buvons à cette coupe, nous annonçons ta mort, Seigneur ressuscité, et nous attendons que tu viennes.

Ou bien:

P: Qu'il soit loué, le mystère de la foi:

C: Sauveur du monde, sauve-nous ! Par ta croix et ta résurrection, tu nous as libérés.

Ou bien:

P: Proclamons le mystère de la foi:

C: **Gloire à toi qui étais mort, gloire à toi qui es vivant, notre Sauveur et notre Dieu : viens, Seigneur Jésus!**

Ensuite, les mains étendues, le prêtre dit:

P: Faisant ici mémoire de la mort et de la résurrection de ton Fils, nous t'offrons, Seigneur, le pain de la vie et la coupe du salut, et nous te rendons grâce, car tu nous as choisis pour servir en ta présence.

Humblement, nous te demandons qu'en ayant part au corps et au sang du Christ, nous soyons rassemblés par l'Esprit Saint en un seul corps.

Souviens-toi, Seigneur, de ton Église répandue à travers le monde: fais-la grandir dans ta charité avec le Pape N., notre évêque N., et tous ceux qui ont la charge de ton peuple.

Souviens-toi aussi de nos frères qui se sont endormis dans l'espérance de la résurrection, et de tous les hommes qui ont quitté cette vie: reçois-les dans ta lumière, auprès de toi.

Sur nous tous enfin, nous implorons ta bonté: Permets qu'avec la Vierge Marie, la bienheureuse Mère de Dieu, avec Saint Joseph, son époux, les Apôtres et les saints de tous les temps qui ont vécu dans ton amitié, nous ayons part à la vie éternelle, et que nous chantions ta louange, par Jésus Christ, ton Fils bien-aimé.

Il prend la patène avec l'hostie, ainsi que le calice, et, les élevant ensemble, il dit:

Par lui, avec lui et en lui, à toi, Dieu le Père tout-puissant, dans l'unité du Saint-Esprit, tout honneur et toute gloire, pour les siècles des siècles.

C: Amen.

*Vient ensuite le rite de la communion, p.***31**

Prière Eucharistique III

P: Le Seigneur soit avec vous.

C: Et avec votre esprit.

P: Élevons notre cœur.

C: Nous le tournons vers le Seigneur.

P: Rendons grâce au Seigneur notre Dieu.

C: Cela est juste et bon.

Puis vient la préface, choisie selon les rubriques, qui conclut:

Saint! Saint! Saint, le Seigneur, Dieu de l'univers! Le ciel et la terre sont remplis de ta gloire. Hosanna au plus haut des cieux. Béni soit celui qui vient au nom du Seigneur. Hosanna au plus haut des cieux.

Le prêtre, les mains étendues, dit:

Tu es vraiment saint, Dieu de l'univers, et il est juste que toute la création proclame ta louange, car c'est toi qui donnes la vie, c'est toi qui sanctifies toutes choses, par ton Fils, Jésus Christ, notre

Seigneur, avec la puissance de l'Esprit Saint; et tu ne cesses de rassembler ton peuple, afin que, du levant au couchant du soleil, une offrande pure soit présentée à ton nom.

Il joint ses mains et, les tenants étendus sur les offrandes, dit:

C'est pourquoi nous te supplions de consacrer toi-même les offrandes que nous apportons, Sanctifie-les par ton Esprit pour qu'elles

Il joint les mains et tracez le signe de la croix sur le pain et le calice ensemble, en disant:

Deviennent le Corps ✠ et le Sang de ton Fils, Jésus Christ, notre Seigneur,

Il joint les mains

Qui nous a dit de célébrer ce mystère.

La nuit même où il fut livré,

Il prend le pain et, le tenant légèrement au-dessus de l'autel, continue:

Il prit le pain, en te rendant grâce il dit la bénédiction, il rompit le pain, et le donna à ses disciples, en disant:

Il s'incline un peu.

PRENEZ, ET MANGEZ-EN TOUS:

CECI EST MON CORPS

LIVRÉ POUR VOUS.

Il montre au peuple l'hostie consacrée, la repose sur la patène, et adore en faisant la génuflexion. Ensuite il continue:

De même, à la fin du repas,

Il prit la coupe; en te rendant grâce dit la bénédiction, et donna la coupe à ses disciples, en disant:

Il s'incline un peu.

PRENEZ, ET BUVEZ-EN TOUS, CAR CECI EST LA COUPE DE MON SANG, LE SANG DE L'ALLIANCE NOUVELLE ET ÉTERNELLE, QUI SERA VERSÉ POUR VOUS ET POUR LA MULTITUDE EN RÉMISSION DES PÉCHÉS, VOUS FEREZ CELA EN MÉMOIRE DE MOI.

Il montre le calice au peuple, le dépose sur le corporal et adore en faisant la génuflexion. Puis il introduit une des acclamations suivantes:

P: Il est grand le mystère de la foi:

C: **Nous annonçons ta mort, Seigneur Jésus, nous proclamons ta résurrection, nous attendons ta venue dans la gloire.**

Ou bien:

P: Acclamons le mystère de la foi:

C: **Quand nous mangeons ce pain et buvons à cette coupe, nous annonçons ta mort, Seigneur ressuscité, et nous attendons que tu viennes.**

Ou bien:

P: Qu'il soit loué, le mystère de la foi:

C: Sauveur du monde, sauve-nous ! Par ta croix et ta résurrection, tu nous as libérés.

P: Proclamons le mystère de la foi:

C: Gloire à toi qui étais mort, gloire à toi qui es vivant, notre Sauveur et notre Dieu : viens, Seigneur Jésus!

Ensuite, les mains étendues, le prêtre dit:

P: En faisant ainsi mémoire de ton Fils, de sa passion qui nous sauve, de sa glorieuse résurrection et de son ascension dans le ciel, alors que nous attendons son dernier avènement, nous t'offrons, Seigneur, en action de grâce, ce sacrifice vivant et saint. Regarde, nous t'en prions, l'oblation de ton Église, et daigne y reconnaître ton Fils qui, selon ta volonté, s'est offert en sacrifice pour nous réconcilier avec toi. Quand nous serons nourris de son Corps et de son Sang, et remplis de l'Esprit Saint, accorde-nous d'être un seul corps et un seul esprit dans le Christ.

Que l'Esprit Saint fasse de nous une éternelle offrande à ta gloire, pour que nous obtenions un jour l'héritage promis, avec tes élus: en premier lieu la bienheureuse Vierge Marie, Mère de Dieu, avec saint Joseph, son époux, les bienheureux Apôtres, les glorieux martyrs, (saint N.) et tous les saints, qui ne cessent d'intercéder auprès de toi et nous assurent de ton secours.

Et maintenant nous te supplions, Seigneur: par le sacrifice qui nous réconcilie avec toi, étends au monde entier le salut et la paix.

Affermis ton Église, en pèlerinage sur la terre, dans la foi et la charité, en union avec ton serviteur notre pape N., et notre évêque N., l'ensemble des évêques, les prêtres, les diacres, et tout le peuple que tu as racheté.

Écoute, en ta bonté, les prières de ta famille, que tu as voulu rassembler devant toi. Dans ta miséricorde, ramène à toi, Père très aimant, tous tes enfants dispersés.

Pour nos frères et sœurs défunts, et pour tous ceux qui ont quitté ce monde et trouvent grâce devant toi, nous te prions: en ta bienveillance, accueille-les dans ton royaume, où nous espérons être comblés de ta gloire, tous ensemble et pour l'éternité, par le Christ, notre Seigneur, par qui tu donnes au monde toute grâce et tout bien.

Il prend la patène avec l'hostie, ainsi que le calice, et, les élevant ensemble, il dit:

Par lui, avec lui et en lui, à toi, Dieu le Père tout-puissant, dans l'unité du Saint Esprit, tout honneur et toute gloire, pour les siècles des siècles.

C: Amen.

Prière Eucharistique IV

P: Le Seigneur soit avec vous.

C: Et avec votre esprit.

P: Élevons notre cœur.

C: Nous le tournons vers le Seigneur.

P: Rendons grâce au Seigneur notre Dieu.

C: Cela est juste et bon.

P: Vraiment, il est bon de te rendre grâce, il est juste et bon de te glorifier, Père très saint, car tu es le seul Dieu, le Dieu vivant et vrai: toi qui es avant tous les siècles, tu demeures éternellement, lumière au-delà de toute lumière. Toi, le Dieu de bonté, la source de la vie, tu as fait le monde pour que toute créature soit comblée de tes bénédictions, et que beaucoup se réjouissent de l'éclat de ta lumière. Ainsi, la foule innombrable des anges qui te servent jour et nuit se tiennent devant toi, et, contemplant la splendeur de ta face, n'interrompent jamais sa louange. Unis à leur hymne d'allégresse, avec la création tout entière qui t'acclame par nos voix, Dieu, nous te chantons:

Saint! Saint! Saint, le Seigneur, Dieu de l'univers! Le ciel et la terre sont remplis de ta gloire. Hosanna au plus haut des cieux.

Béni soit celui qui vient au nom du Seigneur. Hosanna au plus haut des cieux.

Père très saint, nous proclamons que tu es grand et que tu as fait toutes choses avec sagesse et par amour: tu as créé l'homme à ton image et tu lui as confié l'univers, afin qu'en te servant, toi seul, son Créateur, il règne sur la création.

Comme il avait perdu ton amitié par sa désobéissance, tu ne l'as pas abandonné au pouvoir de la mort. Dans ta miséricorde, tu es venu en aide à tous les hommes pour qu'ils te cherchent et puissent te trouver. Tu as multiplié les alliances avec eux, et tu les as formés, par les prophètes, dans l'espérance du salut. Tu as tellement aimé le monde, Père très saint, que tu nous as envoyé ton Fils unique, lorsque les temps furent accomplis, pour qu'il soit notre Sauveur. Dieu fait homme, conçu de l'Esprit Saint, né de la Vierge Marie, il a vécu notre condition humaine en toute chose, excepté le péché, annonçant aux pauvres la bonne nouvelle du salut; aux captifs, la délivrance; aux affligés, la joie.

Pour accomplir le dessein de ton amour, il s'est livré lui-même à la mort, et, par sa résurrection, il a détruit la mort et renouvelé la vie. Afin que désormais notre vie ne soit plus à nous-mêmes, mais à lui qui est mort et ressuscité pour nous, il a envoyé d'auprès de toi, Père, comme premier don fait aux croyants, l'Esprit Saint qui continue son œuvre dans le monde et achève toute sanctification.

Il joint ses mains et, les tenants étendus sur les offrandes, dit:

Que ce même Esprit Saint, nous t'en prions, Seigneur, sanctifie ces offrandes:,

Il joint les mains et tracez le signe de la croix sur le pain et le calice ensemble, en disant:

Qu'elles deviennent ainsi le Corps ✠ et le Sang de notre Seigneur Jésus, le Christ,

Il joint les mains.

Quand l'heure fut venue où tu allais le glorifier, Père très saint, comme il avait aimé les siens qui étaient dans le monde, il les aima jusqu'au bout : pendant le repas qu'il partageait avec eux,

Il prend le pain et, le tenant un peu au-dessus de l'autel, il continue:

Il prit le pain, dit la bénédiction, le rompit et le donna à ses disciples, en disant:

Il s'incline un peu.

PRENEZ, ET MANGEZ-EN TOUS:

CECI EST MON CORPS

LIVRÉ POUR VOUS.

Il montre au peuple l'hostie consacrée, la repose sur la patène, et adore en faisant la génuflexion. Ensuite il continue:

De même,

il prit la coupe remplie de vin; il rendit grâce, et donna la coupe à ses disciples, en disant:

PRENEZ, ET BUVEZ-EN TOUS, CAR CECI EST LA COUPE DE MON SANG, LE SANG DE L'ALLIANCE NOUVELLE ET ÉTERNELLE, QUI SERA VERSÉ POUR VOUS ET POUR LA MULTITUDE EN RÉMISSION DES PÉCHÉS, VOUS FEREZ CELA EN MÉMOIRE DE MOI.

P: Il est grand le mystère de la foi:

C: **Nous annonçons ta mort, Seigneur Jésus, nous proclamons ta résurrection, nous attendons ta venue dans la gloire.**

P: Acclamons le mystère de la foi:

C: **Quand nous mangeons ce pain et buvons à cette coupe, nous annonçons ta mort, Seigneur ressuscité, et nous attendons que tu viennes.**

P: Qu'il soit loué, le mystère de la foi:

C: **Sauveur du monde, sauve-nous ! Par ta croix et ta résurrection, tu nous as libérés.**

P: Proclamons le mystère de la foi:

C: Gloire à toi qui étais mort, gloire à toi qui es vivant, notre Sauveur et notre Dieu : viens, Seigneur Jésus!

Ensuite, les mains étendues, le prêtre dit:

P: Voilà pourquoi, Seigneur, nous célébrons aujourd'hui le mémorial de notre rédemption: en rappelant la mort du Christ et sa descente au séjour des morts, en proclamant sa résurrection et son ascension à ta droite, en attendant sa venue dans la gloire, nous t'offrons son Corps et son Sang, le sacrifice qui est digne de toi et qui sauve le monde entier.

Regarde, Seigneur, Celui qui s'offre dans le sacrifice que toi-même as préparé pour ton Église, et, dans ta bonté, accorde à tous ceux qui vont partager ce Pain et boire à cette Coupe d'être rassemblés par l'Esprit Saint en un seul corps, pour qu'ils deviennent eux-mêmes dans le Christ une vivante offrande à la louange de ta gloire. Et maintenant, Seigneur, rappelle-toi tous ceux pour qui nous offrons le sacrifice: en premier lieu, ton serviteur notre pape N., notre évêque N., et l'ensemble des évêques, les prêtres et les diacres, les fidèles qui présentent cette offrande, les membres de notre assemblée, le peuple entier qui t'appartient, et tous ceux qui te cherchent avec droiture.

Souviens-toi aussi de ceux qui sont morts dans la paix du Christ, et de tous les défunts dont toi seul connais la foi.

À nous qui sommes tes enfants, accorde, Père très bon, l'héritage de la vie éternelle auprès de la Vierge Marie, la bienheureuse Mère de Dieu, auprès de saint Joseph, son époux, des Apôtres et de tous les saints, dans ton royaume. Nous pourrons alors, avec la création tout entière, enfin libérée de la corruption du péché et de la mort, te glorifier par le Christ, notre Seigneur, par qui tu donnes au monde toute grâce et tout bien.

Il prend la patène avec l'hostie, ainsi que le calice, et les élevant ensemble, il dit:

Par lui, avec lui et en lui, à toi, Dieu le Père tout-puissant, dans l'unité du Saint-Esprit, tout honneur et toute gloire, pour les siècles des siècles.

C: Amen.

RITE DE LA COMMUNION

Lorsqu'il a déposé le calice et la patène, le prêtre, les mains jointes, dit:

P: Comme nous l'avons appris du Sauveur, et selon son commandement, nous osons dire:

Il étend les mains, et, avec le peuple, il continue:

Notre Père qui es aux cieux, que ton nom soit sanctifié, que ton règne vienne, que ta volonté soit faite sur la terre comme au ciel.

Donne-nous aujourd'hui notre pain de ce jour. Pardonne-nous nos offenses, comme nous pardonnons aussi à ceux qui nous ont offensés. Et ne nous laisse pas entrer en tentation, mais délivre-nous du mal.

Les mains étendues, le prêtre, seul, continue:

P: Délivre-nous de tout mal, Seigneur, et donne la paix à notre temps: soutenus par ta miséricorde, nous serons libérés de tout péché, à l'abri de toute épreuve, nous qui attendons que se réalise cette bienheureuse espérance: l'avènement de Jésus Christ notre Sauveur.

Il joint ses mains.

Les gens concluent la prière en acclamant:

C: Car c'est à toi qu'appartiennent le règne, la puissance et la gloire, pour les siècles des siècles.

Ensuite, les mains étendues, le prêtre dit à haute voix:

P: Seigneur Jésus Christ, tu as dit à tes Apôtres: Je vous laisse la paix, je vous donne ma paix ne regarde pas nos péchés mais la foi de ton Église; pour que ta volonté s'accomplisse, donne-lui toujours cette paix, et conduis-la vers l'unité parfaite, toi qui règnes pour les siècles des siècles.

C: Amen.

Le prêtre, tourné vers le peuple, étend et joint les mains, et ajoute:

P: Que la paix du Seigneur soit toujours avec vous.

C: Et avec votre esprit.

P: Frères et sœurs, dans la charité du Christ, donnez-vous la paix.

Fraction du Pain

Pendant ce temps, on chante ou on dit:

Agneau de Dieu, qui enlèves les péchés du monde, prends pitié de nous.

Agneau de Dieu, qui enlèves les péchés du monde, prends pitié de nous.

Agneau de Dieu, qui enlèves les péchés du monde, donne-nous la paix.

Le prêtre fait la génuflexion, prend le pain consacré, et, le tenant un peu élevé au-dessus de la patène, tourné vers le peuple, il dit à voix haute:

P: Voici l'Agneau de Dieu, voici celui qui enlève les péchés du monde.

Heureux les invités au repas des noces de l'Agneau.

Et il ajoute, une fois, avec le peuple:

C: Seigneur, je ne suis pas digne de te recevoir, mais dis seulement une parole et je serai guéri.

Puis le prêtre, tourné vers l'autel, dit à voix basse:

P: Le Corps du Christ me garde pour la vie éternelle.

Et il mange avec respect le Corps du Christ. Ensuite, il prend le calice, et dit à voix basse:

P: Le Sang du Christ me garde pour la vie éternelle.

Et il boit avec respect le Sang du Christ.

Communion

Il prend alors la patène ou le ciboire, s'approche des communiants, il montre à chacun le pain consacré en l'élevant légèrement, et dit:

P: Le Corps du Christ.

Le communiant répond:

Amen.

(Et il communie)

Prière après la Communion

Lorsque la distribution de la communion est achevée, le prêtre ou le diacre purifie la patène sur le calice, et le calice lui-même. S'il fait lui-même la purification, le prêtre dit à voix basse:

P: Puissions-nous accueillir d'un cœur pur, Seigneur, ce que notre bouche a reçu, Et trouver dans cette communion d'ici-bas la guérison pour la vie éternelle.

Ensuite, debout à l'autel ou au siège, le prêtre se tourne vers le peuple, joint les mains et dit:

P: Prions.

C: Amen.

RITE DE CONCLUSION

Le prêtre, faisant face au peuple et tendant les mains, dit:

Bénédiction

P: Le Seigneur soit avec vous.

C: Et avec votre esprit.

P: Que Dieu tout-puissant vous bénisse, le Père, et le Fils, ✠ et le Saint-Esprit.

C: Amen.

L'Envoi

P: Allez dans la paix du Christ.

Ou bien:

Allez porter l'Évangile du Seigneur.

Ou bien:

Allez en paix, glorifiez le Seigneur par votre vie.

Ou bien:

Allez en paix.

C: Nous rendons grâce à Dieu.

La congrégation reste debout jusqu'à ce que le prêtre ait quitté l'église.